AF380703

LA SCHEDA DI VALUTAZIONE BILANCIATA

Trasformate i vostri dati in una tabella di marcia verso il successo

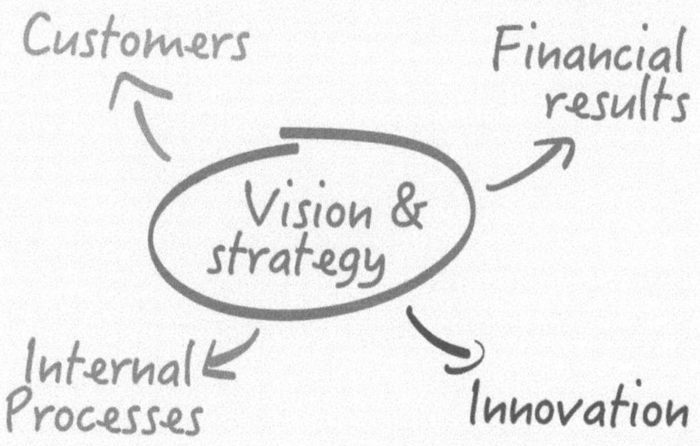

LA SCHEDA DI VALUTAZIONE BILANCIATA

Trasformate i vostri dati in una tabella di marcia verso il successo

scritto da Alice Sanna
tradotto par Sara Rossi

LA SCHEDA DI VALUTAZIONE BILANCIATA

INFORMAZIONI CHIAVE

- **Nome:** scheda di valutazione bilanciata (BSC)

- **Utilizzo:** la Balanced Scorecard collega gli obiettivi a lungo termine di un'organizzazione alle sue attività quotidiane. È uno strumento di riflessione strategica che può essere adattato all'approccio generale dell'organizzazione.

- **Perché ha successo?** Offre a dirigenti, dipendenti e azionisti una visione completa dell'azienda, basata su aspetti finanziari e non finanziari. La Balanced Scorecard chiarisce gli obiettivi a breve e lungo termine e le strategie dell'azienda. Assicura, inoltre, la coerenza tra le attività quotidiane e la visione complessiva dell'azienda.

- **Parole chiave:**

  - <u>Indicatore</u>: informazione qualitativa o quantitativa che rende conto della variazione di una variabile (economica, finanziaria, ecc.) in un determinato periodo.

  - <u>Un indicatore di mezzi</u> calcola le risorse che sono state o saranno necessarie per raggiungere un obiettivo.

- ○ <u>Un indicatore di performance</u> misura le prestazioni dell'azienda.

- ○ <u>Performance</u>: la capacità dell'azienda di raggiungere i propri obiettivi utilizzando risorse adeguate a costi inferiori.

- ○ <u>Variabile</u>: elemento che può assumere valori diversi a seconda del gruppo/ambiente in cui si evolve.

INTRODUZIONE

Storia e contesto

Prima degli anni '90, le imprese avevano già accesso a quadri finanziari e di bilancio. Tuttavia, questi erano spesso sviluppati da società commerciali e industriali, spesso basati su informazioni vecchie e statiche e non tenevano conto degli indicatori operativi, dei clienti o delle persone. David P. Norton (nato nel 1941), cofondatore della società di strategia informatica Nolan, Norton & Company, e Robert S. Kaplan (nato nel 1940), professore alla Harvard Business School, hanno sviluppato la Balanced Scorecard (BSC) per risolvere questo problema. Questo strumento combina strategia e gestione ed è stato ufficialmente creato nel 1992 grazie all'articolo pubblicato sulla Harvard Business Review dai due economisti americani, "The Balanced Scorecard: Measures That Drive Performance".

La BSC è una sintesi delle conclusioni tratte da uno studio (durato 12 mesi e condotto in molte aziende diverse) che si concentra sulle risorse a disposizione dei manager per valutare le performance future delle loro aziende. Il progetto di Norton e Kaplan è nato dalle evidenti differenze tra i metodi tradizionali di misurazione delle performance (basati solo su indicatori finanziari) e le esigenze delle aziende moderne.

Definizione del modello

La BSC è un quadro di valutazione che fornisce una visione completa degli obiettivi a breve e lungo termine e delle strategie di un'azienda a partire da una serie di indicatori di performance. Questi indicatori valutano e misurano i progetti e gli obiettivi dell'azienda. L'elemento più innovativo di questo strumento di gestione sta nella sua analisi, che si basa su quattro aree chiave:

- **Prospettiva finanziaria:** quali sono le aspettative degli azionisti della società?

- **Prospettiva delle persone,** compresi clienti, partner e azionisti: per raggiungere i propri obiettivi, come deve essere percepita l'azienda?

- **Processi aziendali interni**: quali processi aziendali devono essere messi in atto per il successo dell'azienda?

- **Apprendimento, crescita e innovazione**: come può l'azienda sostenere la propria capacità di cambiamento e innovazione?

⦿ Buono a sapersi

La Balanced Scorecard si ispira ai tabelloni utilizzati nelle partite di baseball e di basket. Quando viene messa in pratica, produce risultati in base a diverse combinazioni di variabili. Per valutare l'accuratezza della scorecard è necessaria anche un'analisi complessiva retrospettiva.

LA TEORIA ALLA BASE DEL CONCETTO

All'inizio degli anni '80, la nostra società si è basata sull'informazione, anziché sull'industria. Da quel momento in poi, le imprese hanno dovuto collocarsi in un mercato sempre più globalizzato, dove la soddisfazione del cliente rappresentava un enorme vantaggio competitivo. Questo ha cambiato completamente il modo di gestire le aziende.

Di conseguenza, è diventato difficile affidarsi a un sistema di gestione basato solo su misure di valutazione finanziarie ed economiche. I quadri di bilancio utilizzati in precedenza non erano sufficienti, poiché venivano ignorate tante prospettive: obiettivi commerciali, obiettivi di produzione e risorse umane.

Kaplan e Norton hanno proposto uno strumento di gestione automatica che combina tutte le prospettive essenziali. Ognuna di queste ha i propri obiettivi e indicatori di performance. Questi ultimi evidenziano i punti critici sui quali le aziende devono intervenire per anticipare il declino. La BSC ha creato una stabilità che ha permesso di integrare e bilanciare questi diversi indicatori.

Nella loro pubblicazione *The Balanced Scorecard* (1998), i due economisti mettono in relazione l'approccio BSC con il sistema di controllo del volo. Nel loro esempio citano uno scenario disastroso: durante il volo di un aereo, il pilota si concentra solo sulla velocità del vento e trascura il livello di carburante e l'altitudine dell'aereo. Il pilota giustifica il suo volo spiegando che non poteva concentrarsi su tutto contemporaneamente, ma questo non rassicura nessuno dei passeggeri.

Lo stesso vale per le aziende: non possono trascurare alcune variabili della loro gestione se vogliono determinare e controllare la struttura generale della loro organizzazione. È fondamentale, come per un aereo, avere a disposizione diversi strumenti per identificare chiaramente l'obiettivo e il modo in cui raggiungerlo.

Il metodo BSC è più di un semplice strumento di misurazione delle performance. L'aspetto più dinamico della BSC è l'inclusione di quattro aree chiave di analisi e la relazione tra la visione presente e quella futura dell'azienda. Tutte le prospettive sono collegate dal rapporto tra causa ed effetto, talvolta chiamato "catena di causalità", che identifica i risultati finali e spiega le differenze tra i risultati effettivi e gli obiettivi iniziali. La Balanced Scorecard viene utilizzata come sistema per la gestione strategica a lungo termine.

I creatori di questo sistema identificano quattro aree di performance interdipendenti che ritengono abbiano un impatto sulla performance di un'azienda:

- **Prospettiva economica:** come viene percepito dai nostri stakeholder?

- **Prospettiva del cliente**: i clienti sono soddisfatti?

- **Processi aziendali interni:** in quale area si eccelle internamente? Quali sono i punti di forza? Quali processi aziendali devono essere messi in atto per raggiungere le ambizioni dell'azienda?

- **Apprendimento, crescita e innovazione:** che cosa ha messo in atto l'azienda per sostenere e sviluppare la propria capacità di adattamento, innovazione e crescita?

Ogni prospettiva comporta indicatori di:

- metodo di calcolo delle risorse necessarie per raggiungere l'obiettivo;

- risultati che valutano le performance dell'azienda stessa.

PROSPETTIVA FINANZIARIA

Questa prospettiva si basa sul presupposto che l'obiettivo a lungo termine di un'azienda sia sempre quello di massimizzare il rendimento per gli azionisti. A tal fine, l'azienda dovrebbe impiegare diverse strategie mirate alla crescita dei ricavi e della produttività.

Nella maggior parte dei casi, gli obiettivi finanziari comprendono:

- crescita dei ricavi (flusso di cassa, liquidità generata dalle attività commerciali, fatturato, ecc.)

- miglioramento della produttività e dei margini

- riduzione dei costi

- l'uso efficace delle risorse

- gestione ottimizzata del rischio, ecc.

Naturalmente, gli obiettivi finanziari delle imprese variano notevolmente in base alla loro fase di sviluppo (crescita, sviluppo e maturità) e ai loro obiettivi strategici (aumento dei ricavi e delle quote di mercato del prodotto, riduzione dei costi e/o aumento della produttività, migliore utilizzo degli asset aziendali e migliore ritorno sugli investimenti).

PROSPETTIVA DEL CLIENTE

Questa prospettiva offre ai manager una visione completa delle varie attività commerciali e dei segmenti di consumatori e partner specifici per ogni attività. Possono misurare l'apprezzamento dei prodotti da parte dei clienti e l'efficienza delle procedure commerciali che cercano di soddisfare le esigenze dei clienti.

L'azienda adatta la propria strategia e compie i passi che ritiene necessari per diventare un'azienda "top-of-mind" (il leader del mercato secondo il consumatore target): concentrandosi tanto sul prezzo e sulla qualità quanto sul prodotto o sul servizio.

Gli indicatori comuni di risultati e mezzi sono:

- quote di mercato

- fedeltà del cliente

- il numero di nuovi clienti

- livello di soddisfazione del cliente

- redditività del segmento

- guadagni dei clienti

- numero di reclami, ecc.

Idealmente, l'azienda dovrebbe definire i propri indicatori di performance e gli obiettivi in ciascuna delle aree in cui opera. Tuttavia, la maggior parte di questi indicatori sono post-hoc (definiti a posteriori). Per ovviare a questo, i manager devono concentrarsi sulla creazione di una proposta di valore unica, che dipende da tre variabili:

- gli attributi di un prodotto o servizio

- il rapporto con il cliente

- l'immagine e la reputazione dell'azienda.

Su questa base, i manager dovrebbero sempre puntare a sviluppare una proposta di valore superiore per i propri clienti tipo.

PROCESSI AZIENDALI INTERNI

Questa prospettiva offre al manager una panoramica del funzionamento interno dell'azienda. Identifica i processi interni che generano la soddisfazione del cliente (direttamente o indirettamente) e le competenze chiave e le aree in cui l'azienda eccelle.

Ogni attività corrisponde a una catena del valore attraverso la quale il valore viene creato e consegnato al cliente. La considerazione dei processi aziendali garantisce che il manager li organizzi in modo coerente, rispetto agli obiettivi aziendali e alle aspettative dei clienti.

Nella maggior parte delle imprese, la catena del valore è costituita da:

- **processi operativi,** che si concentrano sull'efficacia dei processi attuali (efficienza, tempi, costi, ecc.);

- **processi di innovazione,** che hanno un impatto significativo sulla capacità di innovazione dell'organizzazione: si concentrano sulle esigenze future del cliente e su come creare proposte di valore uniche;

- **processi di consegna e distribuzione,** che si concentrano sul modo in cui i consumatori entrano in contatto con l'azienda, garantendo che la loro esperienza sia la migliore possibile.

Questa prospettiva della scorecard tiene conto delle prestazioni dei processi aziendali, rendendoli coerenti con le aspettative attuali e future dei clienti. Definisce indicatori relativi ai processi di innovazione, alle procedure aziendali e al processo di consegna e distribuzione.

APPRENDIMENTO, CRESCITA E INNOVAZIONE

Questa prospettiva è importante perché considera l'ambiente necessario per il corretto sviluppo delle altre tre. Essa parte dal presupposto che la capacità di un'azienda di raggiungere i propri obiettivi finanziari, legati ai clienti e ai processi dipenda direttamente dalla sua capacità di innovare, applicare nuove competenze e crescere.

Gli indicatori utilizzati per questa prospettiva si riferiscono principalmente a tre grandi categorie:

- **Risorse umane.** Le competenze del personale dell'azienda hanno un impatto diretto sulle sue prestazioni. Esso, infatti, deve rispondere il più possibile alle esigenze dell'azienda (attuali e future). Gli indicatori più comunemente utilizzati riguardano la soddisfazione del personale, le esigenze di formazione, il tasso di rotazione del personale, ecc.

- **Sistemi informativi.** La capacità di un'azienda di utilizzare tecnologie informatiche adeguate è fondamentale. È importante analizzare la coerenza tra le esigenze aziendali e le prestazioni e i processi tecnologici.

- **Coerenza organizzativa.** L'adeguatezza del processo decisionale alle aspettative e alle esigenze dei clienti è molto importante perché il personale sia ben formato. I membri dello staff devono anche essere la forza trainante dell'azienda ed essere al centro del processo decisionale. È essenziale creare un ambiente coeso che consenta ai dipendenti di mantenere la propria libertà d'azione e autonomia decisionale.

La Balanced Scorecard garantisce la pianificazione e l'attuazione degli investimenti necessari in tecnologia, persone e processi. La disponibilità di indicatori che forniscano informazioni su questo aspetto dell'attività è importante perché la crescita futura dell'azienda dipende direttamente dalla sua capacità di innovare, adattarsi e generare opportunità.

LIMITI DEL MODELLO

Sebbene la Balanced Scorecard sia stata introdotta come strumento per la gestione e il controllo di un'azienda efficiente ed efficace, alcuni esperti di dinamica dei sistemi hanno delle riserve. Henk Akkermans e Kim van Oorschot (specialisti olandesi) e Barry Richmond (neuropsicologo americano, 1947-2002) hanno messo in dubbio la validità del modello. I limiti della BSC possono essere riassunti in tre punti:

- **Alcuni stakeholder vengono trascurati**. La scorecard non tiene conto di tutti gli stakeholder dell'azienda. Più che di un fallimento del modello, si tratta spesso di un problema di implementazione. Chi implementa la Balanced Scorecard si limita spesso ad applicarla come "soluzione miracolosa". Poiché il modello si concentra principalmente su azionisti e clienti, i manager possono trascurare gli stakeholder aziendali, come i fornitori. È quindi opportuno che ogni azienda consideri le proprie specificità quando prepara la sua Balanced Scorecard.

- **Una catena di causalità inesistente**. Uno dei presupposti del modello Balanced Scorecard è l'esistenza di un nesso di causalità. Alcuni specialisti, come Barry Richmond, criticano la semplicità con cui viene stabilito il rapporto di causa ed effetto. Sostengono inoltre che il modello è statico e non considera i piani futuri dell'azienda.

- **Un ambiente esterno non integrato**. Sebbene la BSC incorpori alcune variabili esterne, non ne incorpora abbastanza. In pratica, gli indicatori integrati si riferiscono per lo più solo agli elementi interni dell'azienda, sottovalutando completamente l'impatto dell'ambiente in cui si evolve.

APPLICAZIONE

CONSIGLI

Nel loro bestseller *The Balanced Scorecard* (1996), Norton e Kaplan propongono un piano in quattro fasi per uno sviluppo sistematico. Il piano serve come base per l'implementazione della BSC, ma bisogna ricordare che ogni azienda è unica e il metodo deve essere adattato ai diversi sistemi.

Fase uno – Trasformare la strategia in obiettivi strategici

Scegliere l'unità operativa (cioè il reparto specifico dell'azienda) che sarà la base per lo sviluppo della Balanced Scorecard. Per formulare una strategia coerente e autonoma, è consigliabile identificare un'unità interessata esaminando l'intera catena di processi, tra cui innovazione, produzione, marketing, vendite e assistenza. In generale, un'unità aziendale che ha una strategia per raggiungere i propri obiettivi è un candidato accettabile per una Balanced Scorecard.

Una volta selezionata l'unità operativa, i suoi responsabili devono determinare le informazioni essenziali all'interno del loro dipartimento che riuniranno gli obiettivi e le misure adottate da e per l'azienda. In particolare, devono stabilire gli obiettivi finanziari (principalmente crescita e redditività), i valori e le prospettive dell'azienda (ambiente e sicurezza del personale, innovazione e competitività) e, infine, le relazioni tra i vari stakeholder (clienti, fornitori, dipendenti, ecc.).

Fase due – Comunicazione degli obiettivi e collegamenti tra indicatori e obiettivi strategici

La seconda fase è suddivisa in tre momenti. Il primo consiste nel presentare una bozza della BSC ai responsabili delle unità operative per stimolare la discussione. Questo momento di riflessione e di scambio costruttivo tra i manager e l'"architetto" (la persona che pilota la BSC) porta a una migliore comprensione di ciò che entrambe le parti ritengono importante.

Dopo aver raccolto queste informazioni, i manager devono passare a una fase di sintesi per stabilire un elenco di potenziali obiettivi del progetto. A questo punto, è già importante analizzare il rapporto di causa ed effetto tra i diversi obiettivi aziendali.

La fase finale consiste nella creazione di un consenso iniziale per la Balanced Scorecard. Ogni obiettivo viene discusso separatamente dal comitato esecutivo per identificare tre o quattro obiettivi principali (economico/finanziario, clienti, processi interni e apprendimento/innovazione) e fornire una descrizione dettagliata delle possibili misure per ognuno. A questo punto la domanda da porsi è una sola, se il progetto e la strategia sono efficaci: quali potrebbero essere i risultati potenziali per gli azionisti, i clienti, i processi interni e la crescita dell'azienda? In altre parole, come possiamo determinare la causa e l'effetto di ogni strategia/attività in base ai diversi obiettivi strategici?

Fase tre – Pianificazione, definizione degli obiettivi e definizione degli obiettivi strategici

I manager distribuiscono la sintesi preparata durante la fase precedente a ciascuno dei sottogruppi per rielaborare alcune formulazioni degli obiettivi, confrontare le idee, identificare le fonti di informazione (e l'accesso) necessari per attuare le misure proposte e prevederne l'impatto.

L'"architetto" del progetto sceglie quindi, insieme al proprio team, le misure della BSC che meglio corrispondono agli obiettivi strategici, assegnandone una per ogni strategia. Tuttavia, alcuni indicatori – ricavi, vendite, ecc. – sono comuni a tutte le BSC. Questo lavoro comprende la realizzazione di:

* un elenco dettagliato degli obiettivi in base ai sottogruppi e al settore di cui sono responsabili;

* una rappresentazione dei mezzi di quantificazione di ciascuna misura;

* un grafico che mostri il legame tra le misure e/o gli obiettivi in base ai diversi settori.

Il comitato esecutivo si riunisce una seconda volta con tutti i membri della direzione, i collaboratori diretti e gli intermediari. Lo scopo di questa sessione è rianalizzare il progetto, gli indirizzi e gli obiettivi strategici dell'azienda e le misure proposte per la BSC (questa volta con un numero maggiore di partecipanti, in particolare se si tratta di una grande azienda). Da queste discussioni e analisi, viene redatto un opuscolo informativo per comunicare a tutti i dipendenti i nuovi obiettivi e i contenuti della Balanced Scorecard. La sfida principale consiste nell'incoraggiare i dipendenti a fissare obiettivi ambiziosi per ogni misura proposta.

Quarto passo – Incoraggiare il feedback e adattare i processi

A questo punto, il progetto BSC è pronto, approvato e compreso da tutta l'azienda. Ora è necessario un piano di implementazione delle misure per raggiungere gli obiettivi definiti nelle prime due riunioni del comitato esecutivo. Non bisogna dimenticare il collegamento tra le misure e le banche dati, in modo che tutti i livelli aziendali siano aggiornati sul processo e possano pensare a possibili estensioni delle misure iniziali. È importante adattare gli indicatori e le misure implementate sulla base dei feedback ricevuti per rendere la BSC efficace e funzionale.

Una terza e ultima riunione del comitato esecutivo approva il progetto finale, i suoi obiettivi e le sue misure. In questo momento si scelgono anche le prime misure e iniziative necessarie per raggiungere gli obiettivi. Al termine della riunione, il comitato comunica ai dipendenti il programma finale e le modalità di integrazione nel sistema di gestione aziendale. Questa fase conclude il processo e rende efficace la BSC. Il programma è integrato nel sistema di gestione, in modo che i manager possano concentrarsi sulle priorità identificate dalla BSC.

Conclusione

Abbiamo descritto lo sviluppo passo dopo passo di una Balanced Scorecard. Ovviamente, questo metodo varia a seconda del tipo e, in particolare, delle dimensioni dell'azienda o dell'organizzazione che vuole implementare il modello. Allo stesso modo, le tempistiche per l'implementazione delle misure variano a seconda dell'organizzazione, dei requisiti dei partecipanti alle riunioni decisionali e degli eventuali ostacoli: prospettiva delle persone (motivazione, competenze e adattabilità del personale, consenso tra i membri, ecc.), affidabilità o indicatori e tempo necessario per raccogliere le informazioni.

In generale, Norton e Kaplan consigliano di redigere una BSC in 16 settimane. Questo periodo di tempo consente ai membri del team di gestione di riflettere – ogni volta che ne hanno la possibilità, visto che non dedicano tutto il proprio tempo a questa attività – sullo sviluppo strutturale del progetto, sulla strategia e sul sistema informativo, nonché sull'impatto sui processi di gestione.

STUDIO DI CASO – MICROSTART

Contesto

Questo caso di studio analizza l'azienda microStart, un'organizzazione senza scopo di lucro. In questo esempio, l'implementazione della Balanced Scorecard in microStart comporta l'adattamento della prospettiva finanziaria.

L'AZIENDA

microStart è un'organizzazione attiva nella microfinanza dal 2010. L'azienda aiuta le persone escluse dal sistema bancario tradizionale a diventare lavoratori autonomi. microStart si è ispirata all'enorme successo della Grameen Bank, fondata nel 1976 da Muhammed Yunus (economista del Bangladesh, nato nel 1940) che ha ricevuto il Premio Nobel per la Pace nel 2006. Il modello della Grameen Bank è stato adattato in Europa alla fine degli anni '80 da Maria Nowak (economista specializzata in microcredito, nata nel 1935), che nel 1989 ha creato in Francia l'Associazione per il diritto all'iniziativa economica (Adie). Oggi Adie è leader in Europa occidentale.

Nel 2010, Adie e BNP Paribas Fortis, filiale belga del gruppo BNP e prima banca in Belgio, hanno collaborato per creare microStart SCRL-FS. Il programma pilota è stato concepito per fornire una risposta innovativa agli imprenditori di Bruxelles.

microStart, che opera a Saint-Gilles e Schaerbeek (due comuni della regione di Bruxelles), impiega 9 dipendenti e 50 volontari. Ad oggi, l'associazione ha concesso 350 prestiti (con un tasso di rimborso del 95%).

La visione e la missione di microStart si concentrano sui membri e sui beneficiari dell'organizzazione:

- **Visione:** fornire a coloro che sono stati esclusi dal sistema bancario tradizionale l'accesso al credito e

sostenere la creazione e lo sviluppo di idee imprendi-
toriali.

- **Missione:**

  - finanziare i microimprenditori esclusi dal sistema
    bancario tradizionale che vogliono creare o svilup-
    pare un'attività indipendente;

  - sostenere i microimprenditori prima, durante e
    dopo la creazione della loro attività per garantire la
    sostenibilità;

  - contribuire al miglioramento del contesto istitu-
    zionale del microcredito e dell'imprenditoria.

La Balanced Scorecard di microStart

Per microStart, la Balanced Scorecard è un importante
strumento di programmazione e gestione. Utilizzata
quotidianamente, funge da riferimento per prendere
decisioni importanti. Inoltre, l'organizzazione microS-
tart, che sviluppa la sua strategia a lungo termine, si
concentra principalmente sull'innovazione e sulla prospettiva delle persone per determinare la sua Balanced
Scorecard. Per fornire ai manager una visione complessiva dell'azienda, microStart presenta le sue missioni e
i suoi valori attraverso numerosi indicatori, tra cui la
prospettiva del cliente, i processi interni e l'apprendimento. Naturalmente, come tutte le organizzazioni,
microStart ha bisogno di valutare costantemente le
proprie prestazioni.

L'analisi generale e l'esame incrociato delle quattro prospettive ci forniscono una valutazione completa dell'azienda. Ogni prospettiva ha diversi obiettivi strategici che si traducono in attività. Queste sono poi misurate dagli indicatori selezionati durante le varie riunioni del comitato esecutivo.

- **Prospettiva finanziaria.** microStart assicura una gestione efficace dei costi mettendo a disposizione le risorse finanziarie necessarie per i prestiti a sostegno delle nuove imprese.

  - Obiettivo: rendere disponibili le risorse finanziarie per il credito

  - Gestore: microStart SCRL-FS

  - Indicatori utilizzati e implementati: tassi di rimborso e portafoglio clienti

- **Prospettiva del cliente.** microStart vuole aumentare il numero di clienti, soddisfare le esigenze attuali della clientela (facilità di credito, termini di rimborso, convenienza e rispetto delle condizioni, coaching e formazione) e migliorare la situazione economica, finanziaria e sociale.

  - Obiettivi: aumentare il numero di clienti, soddisfare le loro aspettative, fornire una formazione.

  - Gestore: microStart SCRL-FS

  - Indicatori utilizzati e implementati: il numero attuale di clienti, la loro fedeltà, il numero di reclami, il numero di nuovi clienti acquisiti tramite il passaparola, il numero di clienti formati, ecc.

- **Prospettiva dei processi interni.** Gli aspetti più importanti per l'organizzazione sono, in questo caso, il controllo della governance, la responsabilità sociale e la transizione omogenea tra microStart SCRL-FS e microStart come organizzazione non profit.

  - <u>Obiettivi</u>: governance e responsabilità sociale

  - <u>Gestore</u>: microStart SCRL-FS

  - <u>Indicatori utilizzati e implementati</u>: numero di membri formati nell'Assemblea Generale

- **Prospettiva di apprendimento e innovazione.** microStart si impegna a formare i propri dipendenti per aumentare la loro motivazione e sviluppare una cultura aziendale che corrisponda all'obiettivo strategico dell'organizzazione non profit.

  - <u>Obiettivi</u>: motivazione, diversità del personale, formazione

  - <u>Responsabile</u>: microStart SCRL-FS e l'organizzazione non profit.

  - <u>Indicatori utilizzati e implementati</u>: turnover del personale, analisi della soddisfazione dei dipendenti, numero di ore lavorate dal personale volontario.

SINTESI

- La Balanced Scorecard è uno strumento di strategia e gestione creato nel 1992 da David P. Norton e Robert S. Kaplan.

- La BSC è un nuovo metodo di valutazione delle prestazioni e di miglioramento della gestione aziendale.

- Questo approccio innovativo offre ai manager una visione completa dell'azienda, perché si concentra sui risultati finanziari, sui clienti, sui processi interni e sul concetto di apprendimento all'interno dell'azienda. L'esame incrociato delle quattro prospettive fa sì che gli stakeholder siano a conoscenza di tutte le specifiche dell'azienda e che nessun aspetto venga ignorato.

- Tutte le prospettive sono collegate da un rapporto di causa ed effetto e i risultati finali sono calcolati da indicatori personalizzati che riflettono i fatti in cifre.

- La Balanced Scorecard viene utilizzata come sistema di gestione strategica a lungo termine.

- Alcuni economisti evidenziano i limiti del modello: alcuni stakeholder verrebbero trascurati, il rapporto causa-effetto è inesistente e l'ambiente esterno non è integrato.

ULTERIORI LETTURE

BIBLIOGRAFIA

Akkermans, H. e van Oorschot, K. (2005) Relevance Assumed: A Case Study of Balanced Scorecard Development Using System Dynamics. *Journal of the Operational Research Society.* 56(8). pp. 931-941.

De Visscher, A., Robberechts, M. e Shyirambere, J. (2013) Gli indicatori chiave di performance per l'analisi di impatto e performance sociale di microStart. *microStart.*

Guillot, L. (Senza data) *La Balanced Scorecard.* [Online]. [Consultato il 16 giugno 2014]. Disponibile da: < http:// lionelguillot.typepad.com/scmblog/files/rapport_bsc. pdf>

Kaplan, R. S. e Norton, D. P. (1996) *La Balanced Scorecard: Tradurre la strategia in azione.* Boston: Harvard Business School.

Kaplan, R. S. e Norton, D. P. (1998) *Le Tableau de bord prospectif. Pilotaggio strategico: i 4 assi del successo.* Parigi: éditions d'Organisation.

Olve, N-G., Petri, C-J., Roy, J. e Roy, S. (2003) *Making Scorecards Actionable: Bilanciare strategia e controllo.* Chinchester: Wiley.

Richmond, B. (1994) Dinamiche di sistema/pensiero sistemico. Andiamo avanti. *System Dynamics Review.* 10(2-3).

Tonchia, S. e Quagini, L. (2010) *Misurazione della performance. Collegare la Balanced Scorecard alla Business Intelligence.* Berlino: Springer.

IMPROVE YOUR GENERAL KNOWLEDGE

IN THE BLINK OF AN EYE!

www.50minutes.com

Master ISBN: 9782808064712
ISBN cartaceo: 9782808065009
Deposito legale: D/2022/12603/87

Design digitale: Primento,
il partner digitale degli editori.